AF221960

Impressum
Verlag: BABADADA GmbH, Nedderfeld 112 , 22529 Hamburg
Geschäftsführer / Verlagsleitung: Harald Hof
Druck: Books on Demand GmbH, In de Tarpen 42, 22848 Norderstedt

Imprint
Publisher: BABADADA GmbH, Nedderfeld 112 , 22529 Hamburg, Germany
Managing Director / Publishing direction: Harald Hof
Print: Books on Demand GmbH, In de Tarpen 42, 22848 Norderstedt

1

l'école
d Schuel

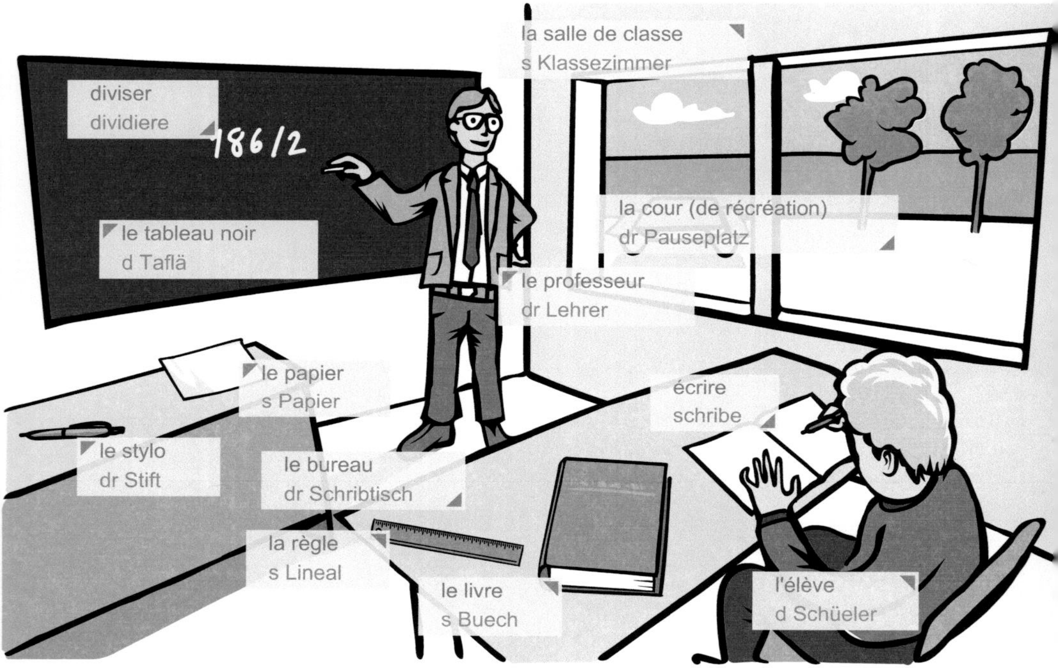
la salle de classe
s Klassezimmer
diviser
dividiere
186/2
le tableau noir
d Taflä
la cour (de récréation)
dr Pauseplatz
le professeur
dr Lehrer
le papier
s Papier
écrire
schribe
le stylo
dr Stift
le bureau
dr Schribtisch
la règle
s Lineal
le livre
s Buech
l'élève
d Schüeler

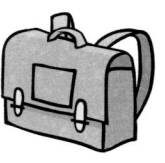

le cartable

dr Thek

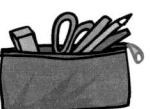

la trousse

s Etui

le crayon

dr Bleistift

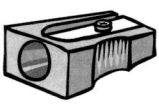

le taille-crayon

dr Spitzer

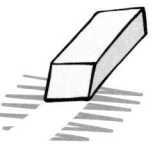

la gomme

s Radiergummi

le carnet à dessin

dr Zeicheblock

le dessin

d Zeichnig

le pinceau

dr Pinsel

la boîte de peinture

dr Malchaschte

les ciseaux

d Schär

la colle

dr Liim

le cahier d'exercices

s Üebigsheft

les devoirs

d Huusufgabe

le chiffre

d Zahl

additionner

addiere

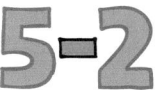

soustraire

subtrahiere

multiplier

multipliziere

calculer

rächne

la lettre

dr Buechstabe

l'alphabet

s Alphabet

le mot

s Wort

le texte

dr Text

lire

läse

la craie

d Kriide

la leçon

d Lektion

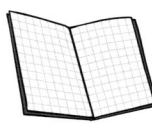

le livre de classe

s Klassäbuech

l'examen

d Prüefig

le certificat

s Zügnis

l'uniforme scolaire

d Schueluniform

la formation

d Usbildig

le lexique

d Enzyklopädie

l'université

d Universität

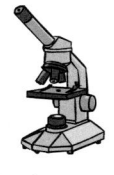

le microscope

s Mikroskop

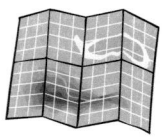

la carte

d Charte

la corbeille à papier

dr Papierchorb

le voyage

d Reis

l'hôtel
s Hotel
Grand
l'auberge
d Härbärg
ROOMS
le bureau de change
d Wächselstube
EXCHANGE
la valise
dr Koffer
la voiture
s Auto

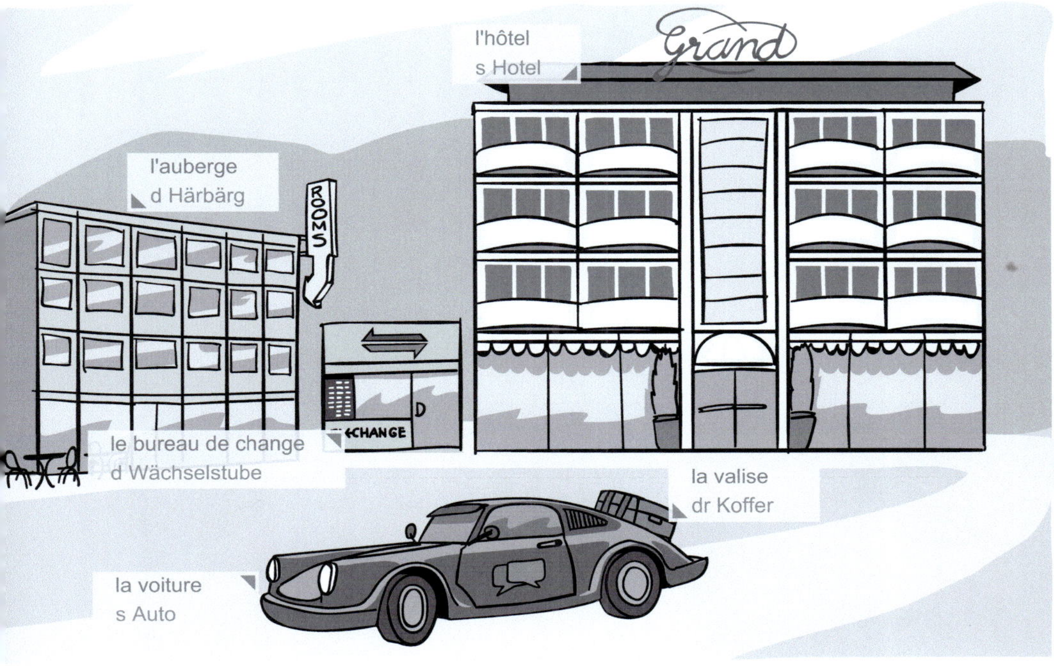

la langue
d Sprach

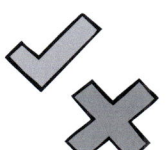

oui / non
jo / nei

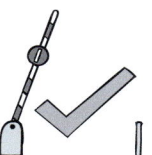

d'accord
okay

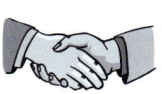

Salut
Hallo

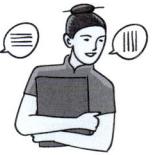

l'interprète
dr Dolmetscher

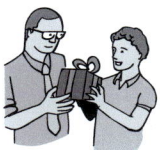

merci
Dankä

Combien coûte...?

Was chostet…?

Je ne comprends pas

Ich vrstahs nöd

le problème

s Problem

Bonsoir !

Guete Abig!

Bonjour !

guete Morgä!

Bonne nuit !

guete Abig!

Au revoir

Uf Wiederseh

la direction

d Richtig

les bagages

s Bagaasch

le sac

d Täsche

le sac-à-dos

dr Rucksack

l'hôte

dr Gast

la pièce

dr Ruum

le sac de couchage

dr Schlafsack

la tente

s Zält

l'office de tourisme

d Touristeninformation

la plage

dr Strand

la carte de crédit

d Kreditkarte

le petit-déjeuner

s Zmorge

le déjeuner

s Zmittag

le dîner

s Znacht

le billet

s Billet

l'ascenseur

dr Ufzug

le timbre

d Briefmarke

la frontière

d Gränze

la douane

dr Zoll

l'ambassade

d Botschaft

le visa

s Visum

le passeport

dr Pass

le transport

dr Transport

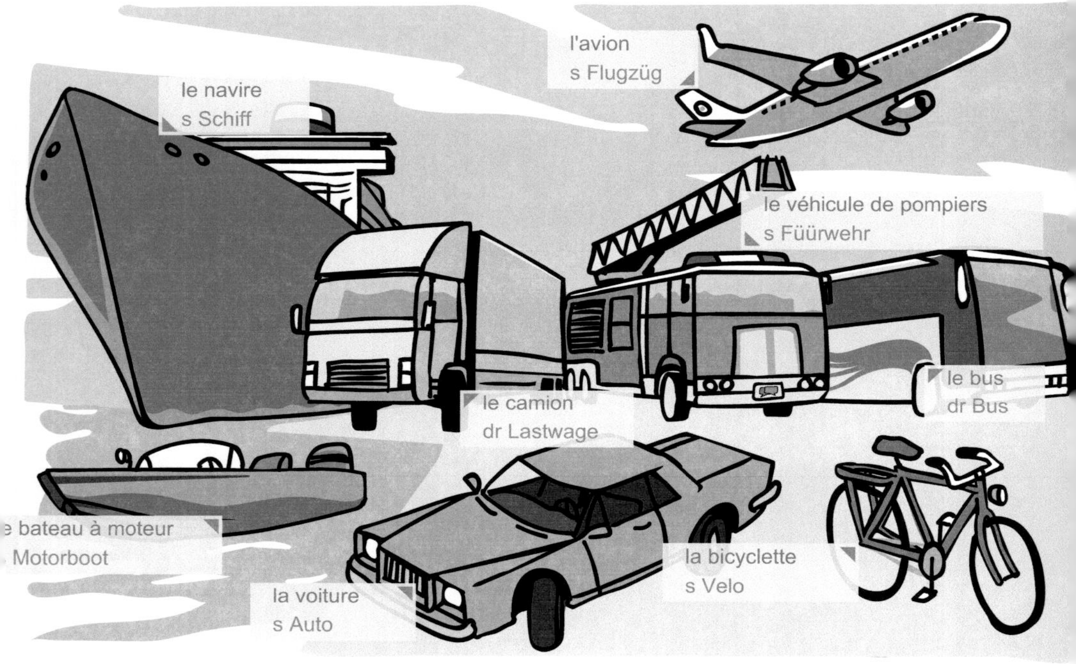

l'avion
s Flugzüg

le navire
s Schiff

le véhicule de pompiers
s Füürwehr

le bus
dr Bus

le camion
dr Lastwage

le bateau à moteur
Motorboot

la bicyclette
s Velo

la voiture
s Auto

le ferry

d Fähri

la barque

s Boot

la moto

s Töff

la voiture de police

s Polizeiauto

la voiture de course

s Rännauto

la voiture de location

dr Mietwage

l'auto-partage

s Carsharing

la voiture de remorquage

dr Abschleppwage

la benne à ordures

dr Chübelwage

le moteur

dr Motor

l'essence

s Benzin

la station d'essence

d Tankstell

le panneau indicateur

s Verkehrsschild

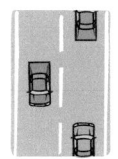

le trafic

dr Verchehr

l'embouteillage

dr Stau

le parking

dr Parkplatz

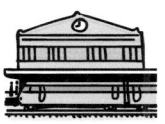

la gare

dr Bahnhof

les rails

d Schiene

le train

dr Zug

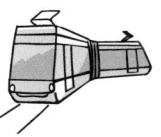

le tramway

d Strassebahn

le wagon

dr Wagon

l'hélicoptère

dr Helikopter

l'aéroport

dr Flughafe

la tour

dr Tower

le passager

dr Passagier

le conteneur

dr Container

le carton

dr Karton

le chariot

dr Chare

la corbeille

dr Korb

décoller / atterrir

starte / lande

la ville
d Stadt

le village

s Dorf

le centre-ville

s Stadtzentrum

la maison

s Huus

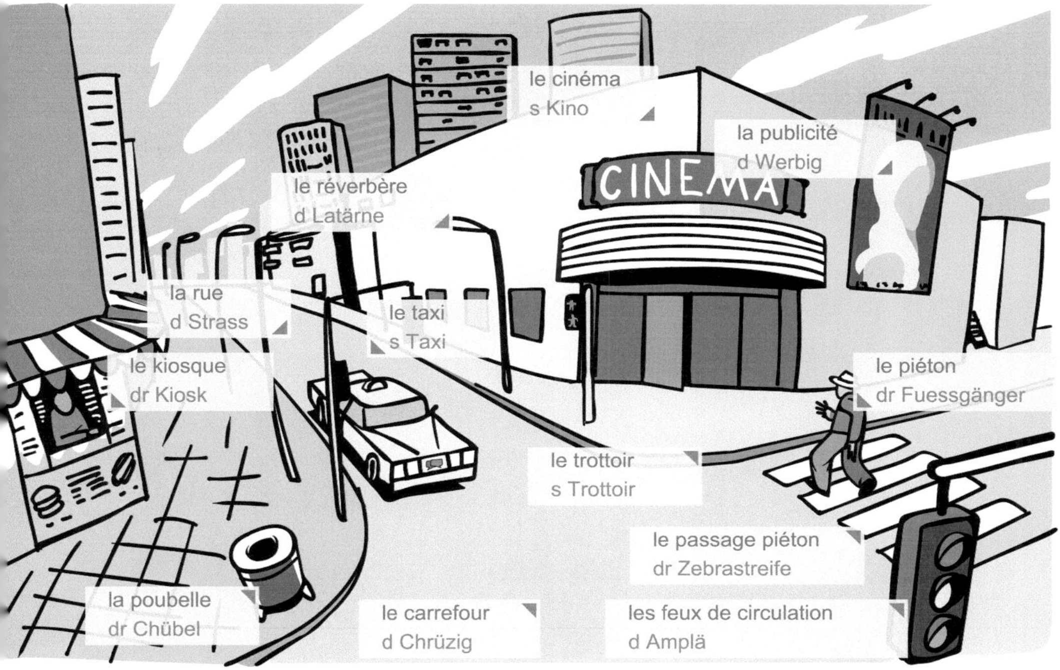

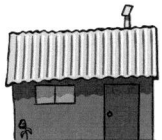

le cinéma
s Kino
la publicité
d Werbig
CINEMA
le réverbère
d Latärne
la rue
d Strass
le taxi
s Taxi
le kiosque
dr Kiosk
le piéton
dr Fuessgänger
le trottoir
s Trottoir
le passage piéton
dr Zebrastreife
la poubelle
dr Chübel
le carrefour
d Chrüzig
les feux de circulation
d Amplä

la cabane

d Hütte

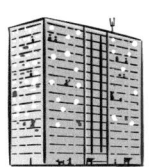

l'appartement

d Wohnig

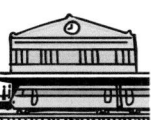

la gare

dr Bahnhof

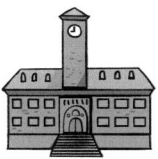

la mairie

s Gmeindshuus

MUSEUM

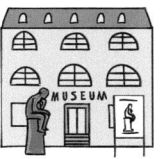

le musée

s Museum

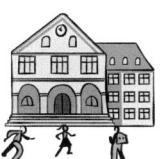

l'école

d Schuel

l'université

d Universität

la banque

d Bank

l'hôpital

s Spital

l'hôtel

s Hotel

la pharmacie

d Apotheke

le bureau

s Büro

la librairie

s Buechgschäft

le magasin

s Gschäft

le fleuriste

dr Bluemelade

le supermarché

dr Läbensmittellade

le marché

dr Märt

le grand magasin

s Chaufhuus

la poissonnerie

dr Fischhändler

le centre commercial

s lihkaufszentrum

le port

dr Hafe

le parc

dr Park

la banque

d Bank

le pont

d Brugg

les escaliers

d Stäge

le métro

d U-Bahn

le tunnel

dr Tunnell

l'arrêt de bus

d Bushaltestell

le bar

d Bar

le restaurant

s Restaurant

la boîte à lettres

dr Briefchastä

le panneau indicateur

s Strasseschild

le parcmètre

d Parkuhr

le zoo

dr Zolli

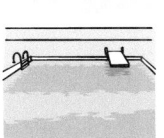

le réverbère

d Badi

la mosquée

d Moschee

la ferme

dr Buurehof

la pollution

d Umwältvrschmutzig

la cimetière

dr Fridhof

l'église

d Chile

l'aire de jeux

dr Spielplatz

le temple

dr Tämpel

le paysage
d Landschaft

la feuille
s Blatt

le panneau indicateur
dr Wägwiiser

le chemin
dr Wäg

le pré
d Wise

la pierre
dr Stei

le randonneur
dr Wanderer

l'arbre
dr Baum

la rivière
dr Fluss

l'herbe
s Gras

la fleur
d Bluamä

la vallée

s Tal

la montagne

dr Bärg

le lac

dr See

la forêt

dr Wald

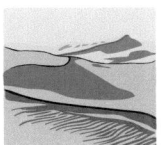

le désert

d Wüeschti

le volcan

dr Vulkan

le château

s Schloss

l'arc-en-ciel

dr Rägeboge

le champignon

dr Pilz

le palmier

d Palme

le moustique

dr Moskito

la mouche

d Fliege

les fourmis

d Ameise

l'abeille

s Biendli

l'araignée

d Spinne

le coléoptère
dr Chäfer

la grenouille
dr Frosch

l'écureuil
s Eichhörnli

le hérisson
dr Igel

le lièvre
dr Haas

la chouette
d Üle

l'oiseau
d Vogu

le cygne
dr Schwan

le sanglier
s Wildschwein

le cerf
dr Hirsch

l'élan
dr Elch

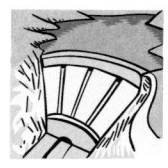

le barrage
dr Damm

l'éolienne
d Windturbine

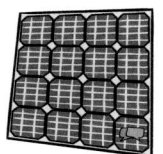

le panneau solaire
dr Sunnekollektor

le climat
s Klima

le restaurant
s Restaurant

le serveur
dr Chällner

le menu
d Spiischartä

la chaise
dr Stuehl

la soupe
d Suppä

la pizza
d Pizza

les couverts
s Bsteck

la nappe
d Tischdecki

les hors d'œuvre

d Vorspiies

le plat principal

s Hauptgricht

le dessert

s Dessert

les boissons

s Getränk

l'alimentation

d Läbensmittel

la bouteille

d Fläsche

le fast-food

s Fast Food

les plats à emporter

s Street Food

la théière

d Teechanne

le sucrier

d Zuckerdosä

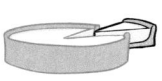

la portion

d Portion

la machine à expresso

d Espressomaschine

la chaise haute

dr Hochstuehl

la facture

d Rächnig

le plateau

s Tablett

le couteau

s Mässer

la fourchette

d Gable

la cuillère

dr Löffel

la cuillère à thé

dr Teelöffel

la serviette

d Serviette

le verre

s Glas

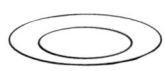

l'assiette

dr Täller

l'assiette à soupe

dr Suppetällär

la soucoupe

d Untertasse

la sauce

d Sose

la salière

dr Salzstreuer

le moulin à poivre

d Pfäffermühli

le vinaigre

dr Essig

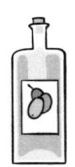

l'huile

s Öl

les épices

d Gwürz

le ketchup

ds Ketchup

la moutarde

dr Sänf

la mayonnaise

d Mayonnaise

le supermarché
dr Läbensmittellade

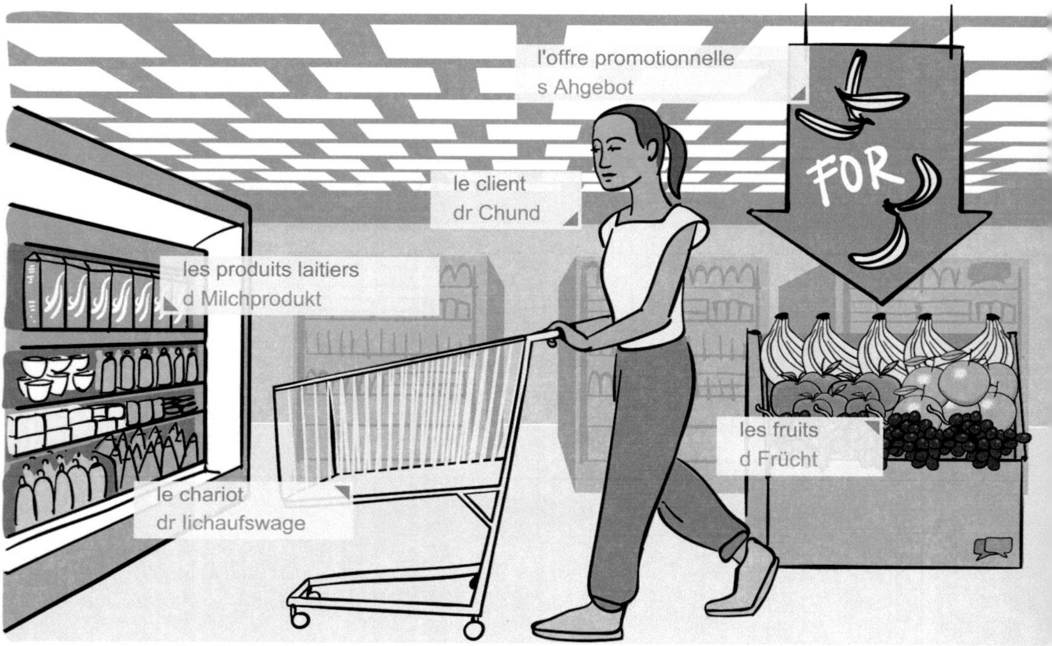

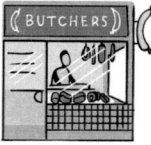

l'offre promotionnelle
s Ahgebot
FOR
le client
dr Chund
les produits laitiers
d Milchprodukt
les fruits
d Frücht
le chariot
dr Iichaufswage

BUTCHERS

la boucherie

dr Schlachter

BAKERY

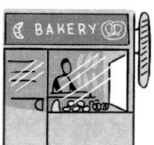

la boulangerie

dr Beck

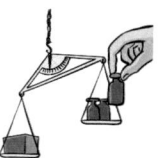

peser

wiege

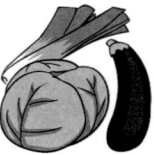

les légumes

s Gmües

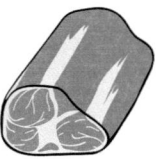

la viande

s Fleisch

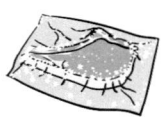

les aliments surgelés

d Tiefkühlprodukt

la charcuterie

dr Ufschnitt

les conserves

d Konsärve

la poudre à lessive

s Wöschmittel

les bonbons

d Süessigkeite

les articles ménagers

d Huushaltartikel

les détergents

s Putzmittel

la vendeuse

d Verchäuferin

la caisse

d Kassä

le caissier

dr Kassierer

la liste d'achats

d Ihchaufsliste

les heures d'ouverture

d Öffnigszite

le portefeuille

s Portemonnaie

la carte de crédit

d Kreditkarte

le sac

d Täsche

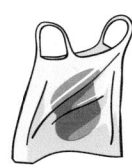

le sac en plastique

dr Plastiksack

les boissons
s Getränk

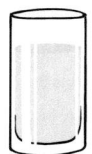

l'eau

s Wasser

le jus de fruit

dr Saft

le lait

d Milch

le coca

d Cola

le vin

dr Wii

la bière

s Bier

l'alcool

dr Alkohol

le chocolat chaud

s Ovi

le thé

dr Tee

le café

dr Kafi

l'expresso

dr Espresso

le cappuccino

dr Cappuccino

la banane

d Banane

la pomme

dr Öpfel

l'orange

d Orange

le melon

d Melone

le citron.

d Zitrone

la carotte

s Rüebli

l'ail

dr chnoobli

le bambou

dr Bambus

l'oignon

d Zwiblä

le champignon

dr Pilz

les noisettes

d Nüss

les pâtes

d Nudle

les spaghetti

d Spaghetti

le riz

dr Riis

la salade

dr Salat

les pommes frites

d Pommfrit

les pommes de terre rôties

d Bratherdöpfel

la pizza

d Pizza

le hamburger

dr Hamburgär

le sandwich

s Sandwich

l'escalope

s Gotlett

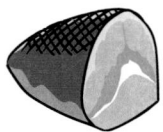

le jambon

dr Schinkä

le salami

d Salami

la saucisse

s Würschtli

le poulet

s Huehn

le rôti

dr Bratä

le poisson

dr Fisch

les flocons d'avoine

d Haferflocke

le muesli

s Müesli

les cornflakes

d Cornflakes

la farine

s Mähl

le croissant

s Gipfeli

les petits-pains

s Brötli

le pain

s Brot

le pain grillé

dr Toscht

les biscuits

s Guetzli

le beurre

d Butter

le fromage blanc

dr Quark

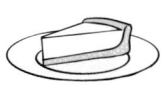

le gâteau

dr Chueche

l'œuf

s Ei

l'œuf au plat

s Spiegelei

le fromage

dr Chäs

la glace

d Glace

le sucre

dr Zucker

le miel

dr Honig

la confiture

d Gonfi

la crème nougat

d Nougat-Creme

le curry

s Curry

la ferme

dr Buurehof

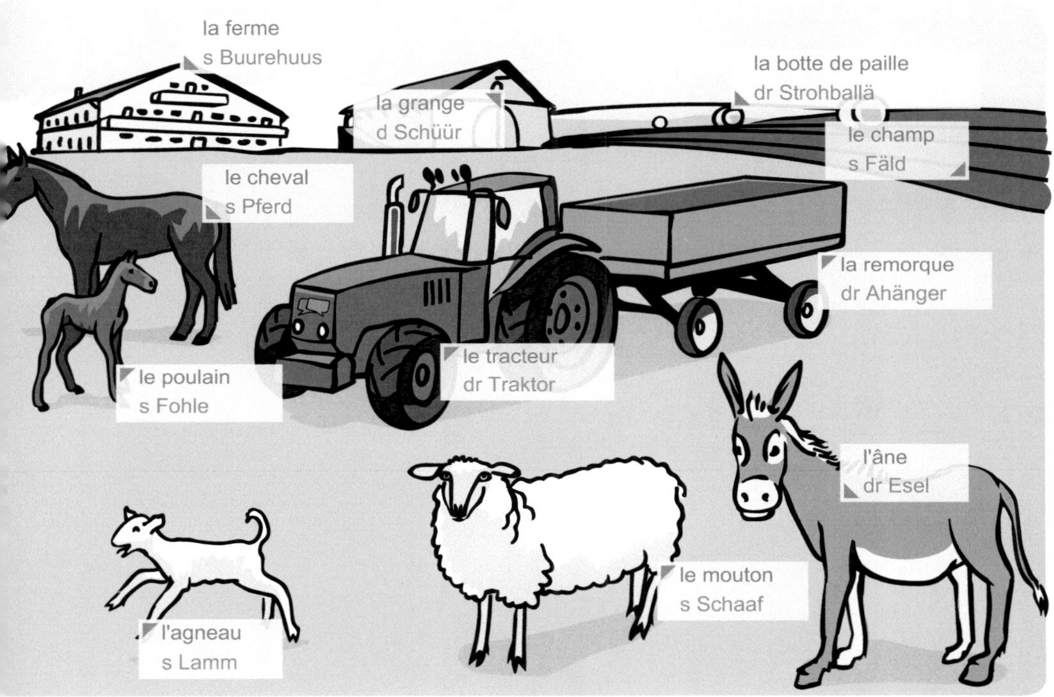

la ferme
s Buurehuus
la grange
d Schüür
la botte de paille
dr Strohballä
le champ
s Fäld
le cheval
s Pferd
la remorque
dr Ahänger
le tracteur
dr Traktor
le poulain
s Fohle
l'âne
dr Esel
le mouton
s Schaaf
l'agneau
s Lamm

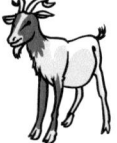

la chèvre

d Geiss

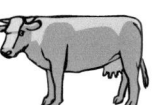

la vache

d Chueh

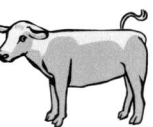

le veau

s Chalb

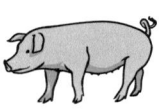

le porc

d Sau

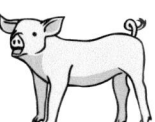

le porcelet

s Ferkel

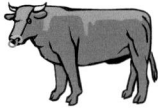

le taureau

s Rind

l'oie

d Gans

le canard

d Änte

le poussin

s Küke

la poule

s Huähn

le coq

dr Güggel

le rat

d Ratte

le chat

d Chatz

la souris

d Muus

le bœuf

dr Ochse

le chien

dr Hund

le chenil

d Hundehütte

le tuyau de jardin

dr Garteschluuch

l'arrosoir

d Giesschanne

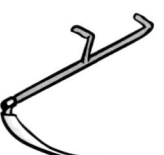

la faucheuse

d Sägese

la charrue

dr Pflueg

la faucille

d Sichel

la pioche

d Hacke

la fourche

d Heugable

la hache

d Axt

la brouette

d Garette

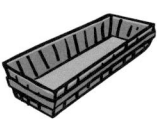

la cuve

dr Trog

le pot à lait

d Milchchanne

le sac

dr Sack

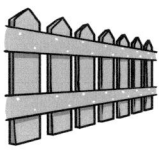

la clôture

dr Haag

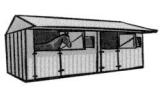

l'étable

dr Gadä

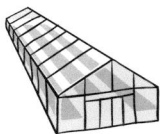

le serre

s Gwächshuus

le sol

dr Bode

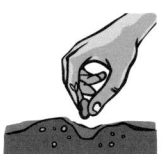

les semences

dr Soome

l'engrais

dr Dünger

la moissonneuse-batteuse

dr Mähdrescher

récolter

ärnte

la récolte

d Ärnte

l'igname

d Yamswurzle

le blé

dr Weize

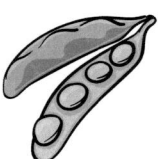

le soja

s Soja

la pomme de terre

dr Härdöpfel

le maïs

dr Mais

le colza

dr Raps

l'arbre fruitier

dr Obstbaum

le manioc

dr Maniok

les céréales

s Getreide

la maison
s Huus

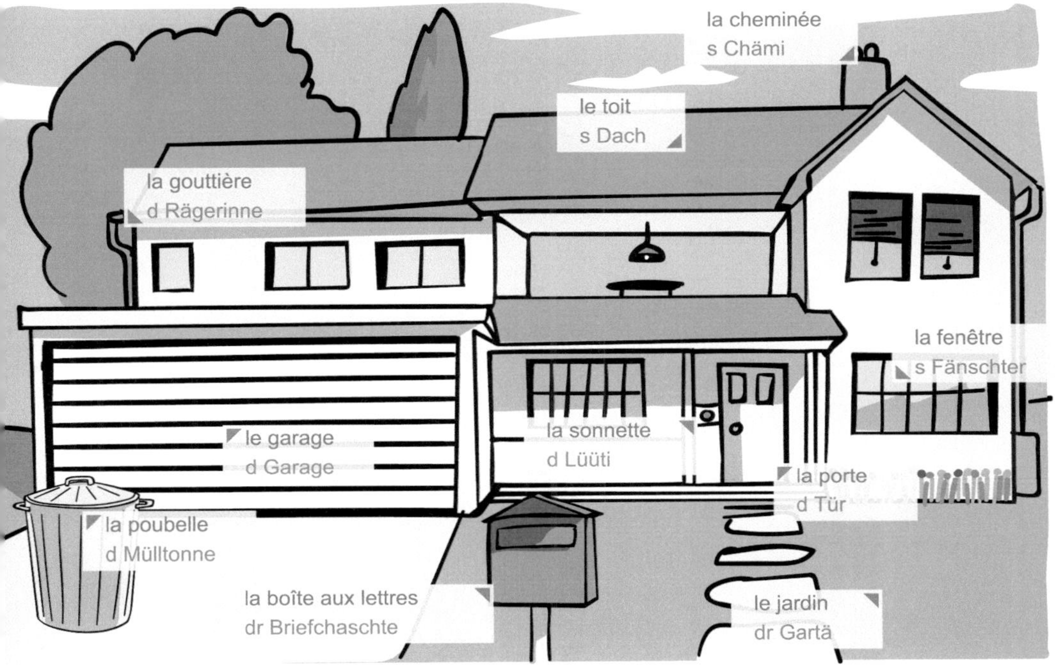

la cheminée
s Chämi

le toit
s Dach

la gouttière
d Rägerinne

la fenêtre
s Fänschter

le garage
d Garage

la sonnette
d Lüüti

la porte
d Tür

la poubelle
d Mülltonne

la boîte aux lettres
dr Briefchaschte

le jardin
dr Gartä

le salon
s Stubä

la salle de bain
s Badzimmer

la cuisine
d Chuchi

la chambre à coucher
s Schlofzimmer

la chambre d'enfant
s Chinderzimmer

la salle à manger
s Ässzimmer

la maison - s Huus   31

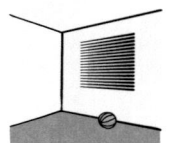

le sol

dr Bodä

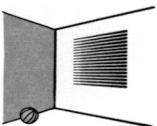

le mur

d Wand

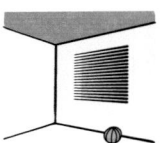

le plafond

d Decki

la cave

dr Chäller

le sauna

d Sauna

le balcon

dr Balkon

la terrasse

d Terasse

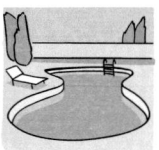

la piscine

s Pool

la tondeuse à gazon

dr Rasemäier

la housse

dr Bettbezug

la couette

d Bettdecki

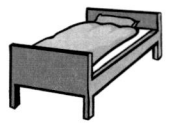

le lit

s Bett

le balai

dr Bäse

le sceau

dr Chübel

l'interrupteur

dr Schalter

le salon

s Stubä

le papier peint
d Tapete
l'image
s Bild
la lampe
d Lampä
l'étagère
s Regal
l'armoire
dr Schrank
la télé
dr Färnseh
la cheminée
dr Kamin
la fleur
d Bluamä
le coussin
s Chüssi
le sofa
s Sofa
le vase
d Vasä
la télécommande
d Färnbedienig

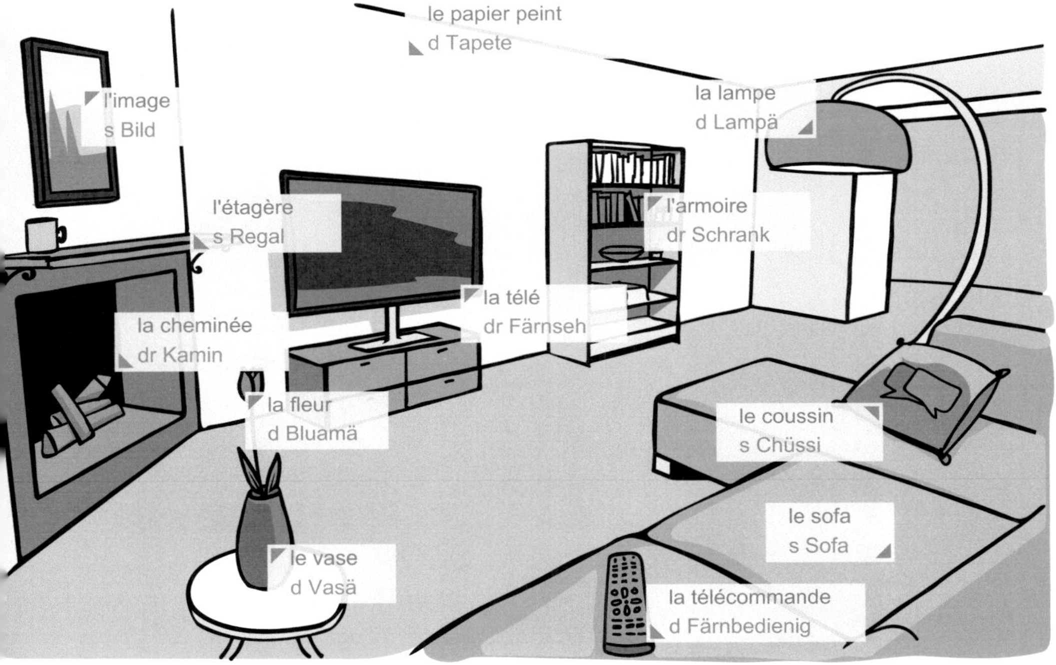

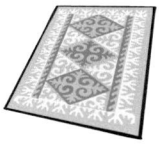

le tapis

dr Teppich

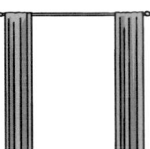

le rideau

dr Vorhang

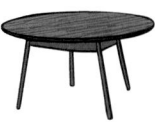

la table

dr Tisch

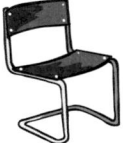

la chaise

dr Stuehl

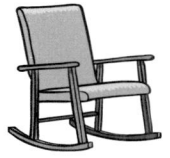

la chaise à bascule

dr Schaukelstuehl

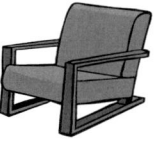

le fauteuil

dr Sässel

le livre

s Buech

la couverture

d Decki

la décoration

d Dekoration

le bois de chauffage

s Füürholz

le film

dr Film

la chaîne hi-fi

d Stereoahlag

la clé

dr Schlüssel

le journal

d Ziitig

la peinture

s Bild

le poster

s Poster

la radio

s Radio

le bloc-notes

dr Notizblock

l'aspirateur

dr Staubsuuger

le cactus

dr Kaktus

la bougie

d Chärze

la cuisine
d Chuchi

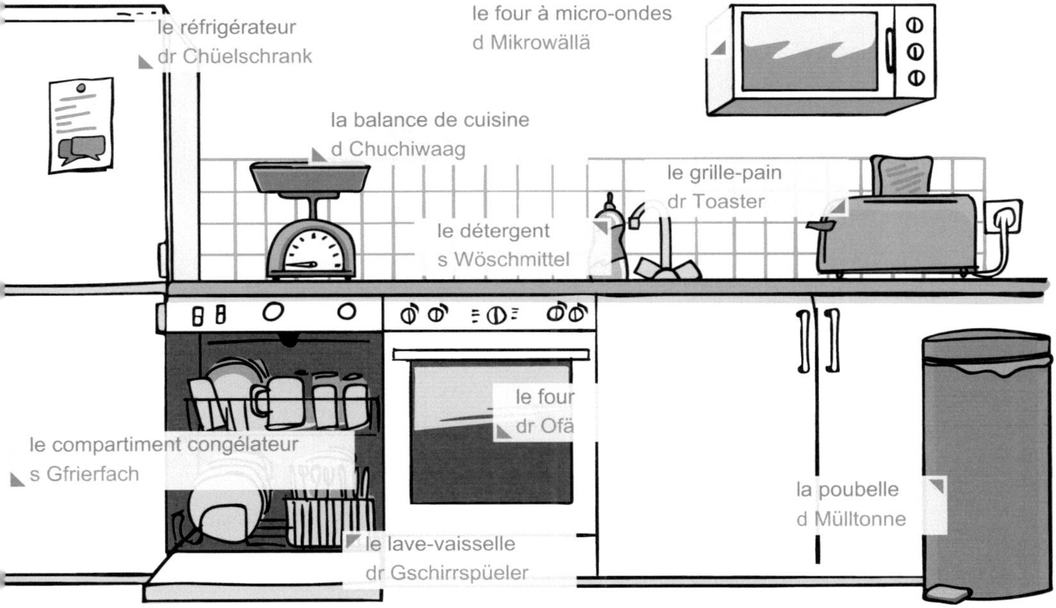
le réfrigérateur
dr Chüelschrank
le four à micro-ondes
d Mikrowällä
la balance de cuisine
d Chuchiwaag
le grille-pain
dr Toaster
le détergent
s Wöschmittel
le four
dr Ofä
le compartiment congélateur
s Gfrierfach
la poubelle
d Mülltonne
le lave-vaisselle
dr Gschirrspüeler

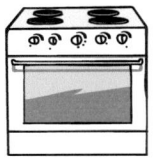

le four
dr Härd

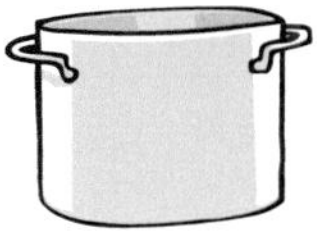
la casserole
dr Topf

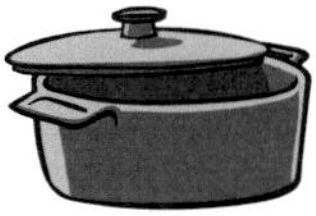
la marmite
dr Iisetopf

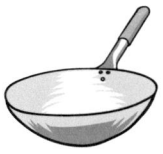

le wok / kadai
dr Wok / Kadai

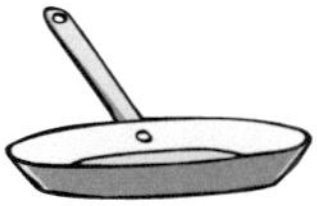
la poêle
d Pfanne

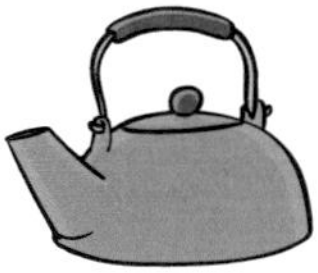
la bouilloire electrique
dr Wasserchocher

le cuiseur vapeur

dr Dampfer

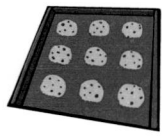

la plaque de cuisson

s Bachbläch

la vaisselle

s Gschirr

le gobelet

dr Bächer

la coupe

d Schale

les baguettes

d Stäbli

la louche

d Suppechellä

la spatule

dr Pfannewänder

le fouet

dr Schneebäse

la passoire

s Sieb

le tamis

s Sieb

la râpe

d Raffle

le mortier

dr Mörser

le barbecue

dr Grill

la cheminée

d Füürstell

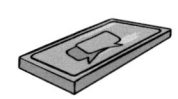

la planche à découper

s Schniidbrätt

le rouleau à pâtisserie

s Nudelholz

le tire-bouchon

dr Korkäzieher

la boîte

d Dosä

l'ouvre-boîte

dr Dosäöffner

les maniques

dr Topflappä

le lavabo

s Wöschbecki

la brosse

d Bürste

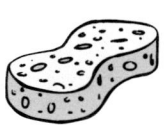

l'éponge

dr Schwumm

le mixeur

dr Mixer

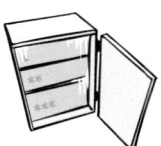

le congélateur

dr Gfrierschrank

le biberon

s Babyfläschli

le robinet

dr Hahnä

la salle de bain
s Badzimmer

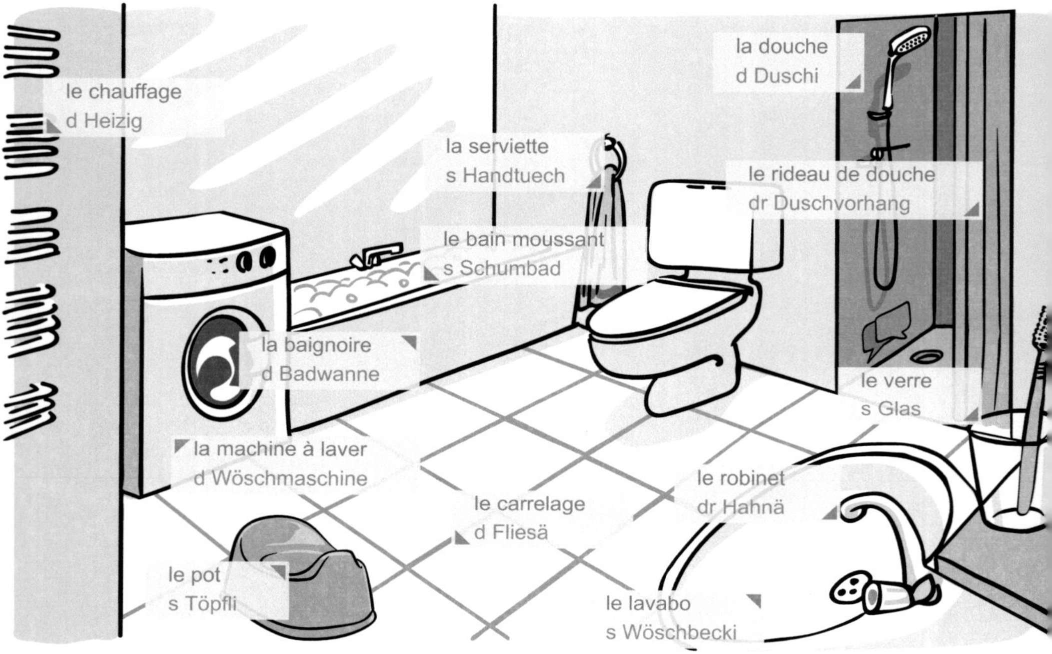

le chauffage
d Heizig

la douche
d Duschi

la serviette
s Handtuech

le rideau de douche
dr Duschvorhang

le bain moussant
s Schumbad

la baignoire
d Badwanne

le verre
s Glas

la machine à laver
d Wöschmaschine

le robinet
dr Hahnä

le carrelage
d Fliesä

le pot
s Töpfli

le lavabo
s Wöschbecki

les toilettes
d Toilette

la toilette à la turque
s Plumpsklo

le bidet
s Bidet

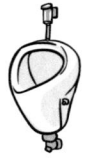

l'urinoir
s Pissoir

le papier toilette
ds Toilettepapier

la brosse à toilette
d Toilettebürschteli

la brosse à dents

d Zahbürstä

le dentifrice

d Zahpasta

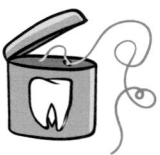

le fil dentaire

d Zahnsiide

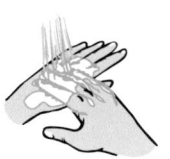

laver

wäsche

la douche manuelle

d Handduschi

la douche intime

d Intiimduschi

la vasque

s Wöschbecki

la brosse dorsale

d Ruggäbürste

le savon

d Seifä

le gel douche

s Duschgel

le shampooing

s Shampoo

le gant de toilette

dr Waschlappä

l'écoulement

dr Abfluss

la crème

d Creme

le déodorant

s Deo

le miroir

dr Spiegel

le miroir cosmétique

dr Handspiegel

le rasoir

dr Rasierer

la mousse à raser

dr Rasierschuum

l'après-rasage

s Aftershave

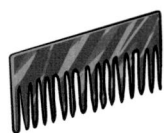

la peigne

dr Schträäl

la brosse

d Bürstä

le sèche-cheveux

dr Föhn

la laque pour cheveux

s Hoorspray

le fond de teint

s Makeup

le rouge à lèvres

dr Lippestift

le vernis à ongles

dr Nagellack

l'ouate

d Wattä

le coupe-ongles

d Nagelscher

le parfum

s Parfum

la trousse de toilette

s Necessaire

le tabouret

dr Schemel

le pèse-personne

d Waag

le peignoir

dr Badmantel

les gants de nettoyage

dr Gummihändscheh

le tampon

s Tampon

les serviettes hygiéniques

d Damebinde

la toilette chimique

d chemischi Toilette

la chambre d'enfant

s Chinderzimmer

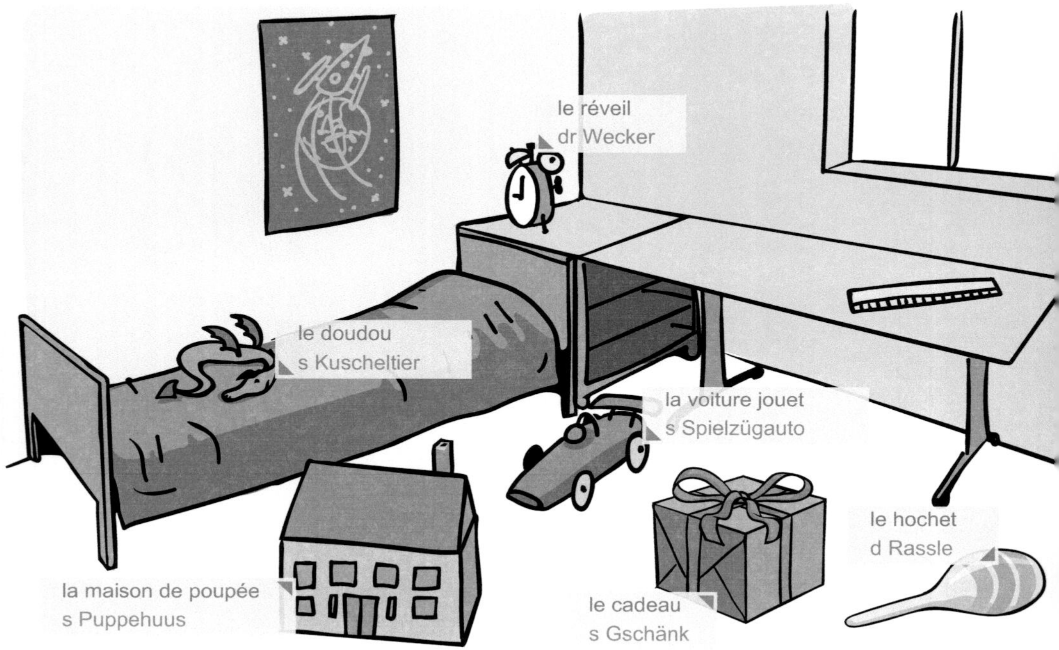

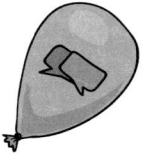

le réveil
dr Wecker
le doudou
s Kuscheltier
la voiture jouet
s Spielzügauto
le hochet
d Rassle
la maison de poupée
s Puppehuus
le cadeau
s Gschänk

le ballon

dr Ballon

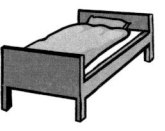

le lit

s Bett

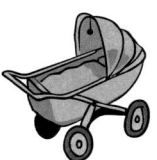

la poussette

dr Chinderwage

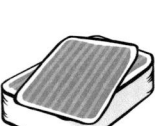

le jeu de cartes

s Chartespiel

le puzzle

s Puzzle

SUPER
MEGA

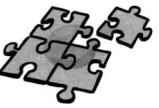

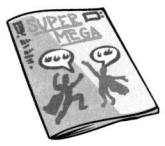

la bande dessinée

dr Comic

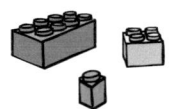

les pièces lego

d Legos

les blocs de construction

d Baustei

la figurine

d Action Figur

la grenouillère

s Strampli

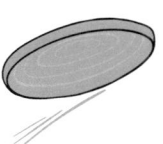

le frisbee

s Frisbee

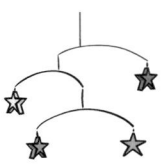

le mobile

s Mobile

le jeu de société

s Brättspiel

le dé

dr Würfäl

le train miniature

d Modellisebahn

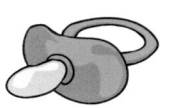

la sucette

dr Nuggi

la fête

d Party

le livre d'images

s Bilderbuch

la balle

dr Ball

la poupée

d Puppä

jouer

spiele

le bac à sable

dr Sandchaschte

la balançoire

d Gigampfi

les jouets

s Spielzüg

la console de jeu

d Videospielkonsole

le tricycle

s Dreirad

l'ours en peluche

dr Teddy

l'armoire

dr Chleiderschrank

les vêtements
d Chleidig

les chaussettes

d Sockä

les bas

d Strümpf

le collant

d Strumpfhosä

l'écharpe
dr Schal

le parapluie
dr Rägeschirm

le t-shirt
s T-Shirt

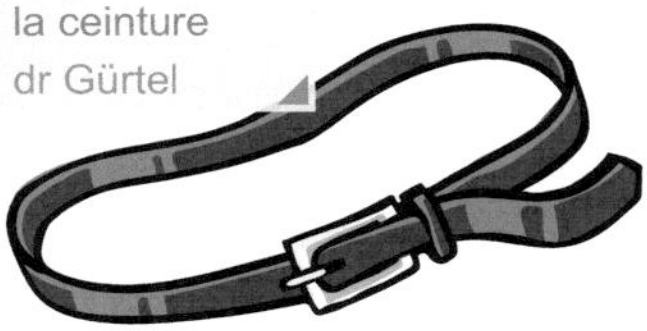

la ceinture
dr Gürtel

les bottes
dr Stiefel

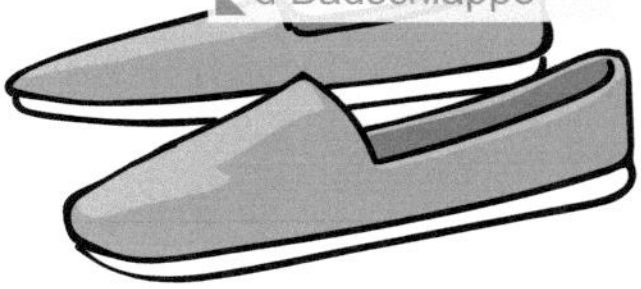

les pantoufles
d Badschlappe

les baskets
d Turnschueh

les sandales
d Sandalä

les chaussures
d Schueh

les bottes de caoutchouc
d Gummistiefel

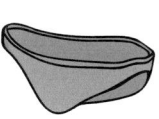

les sous-vêtements
d Untrhosä

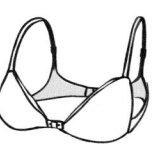

le soutien-gorge
dr BH

le maillot de corps
s Underlibli

le body

dr Body

le pantalon

d Hosä

le jean

d Jeans

la jupe

dr Rock

le chemisier

d Bluse

la chemise

s Hömli

le pull

dr Pulli

le sweat à capuche

dr Kapuzepulli

la veste

dr Blazer

la veste

d Jacke

le manteau

dr Mantel

l'imperméable

dr Rägämantel

le costume

s Chostüm

la robe

s Chleid

la robe de mariée

s Hochziitskleid

le costume

dr Ahzug

la chemise de nuit

s Nachthömli

le pyjama

s Pyjama

le sari

dr Sari

le foulard

s Chopftuäch

le turban

dr Turban

la burqa

d Burka

le caftan

dr Kaftan

l'abaya

d Abaya

le maillot de bain

s Badchleid

le maillot de bain

d Badhose

le short

d churzi Hosä

la tenue d'entraînement

dr Trainer

le tablier

d Schürze

les gants

d Händsche

le bouton

dr Chnopf

les lunettes

d Brüllä

le bracelet

s Armband

le collier

d Chetti

la bague

dr Ring

la boucle d'oreille

dr Ohrering

le bonnet

d Chappe

le cintre

dr Chleiderbügel

le chapeau

dr Huet

la cravate

d Grawattä

la fermeture éclair

dr Riissverschluss

le casque

dr Helm

les bretelles

dr Hosäträger

l'uniforme scolaire

d Schueluniform

l'uniforme

d Uniform

le bavoir

s Lätzli

la sucette

dr Nuggi

la lange

d Windle

le bureau
s Büro

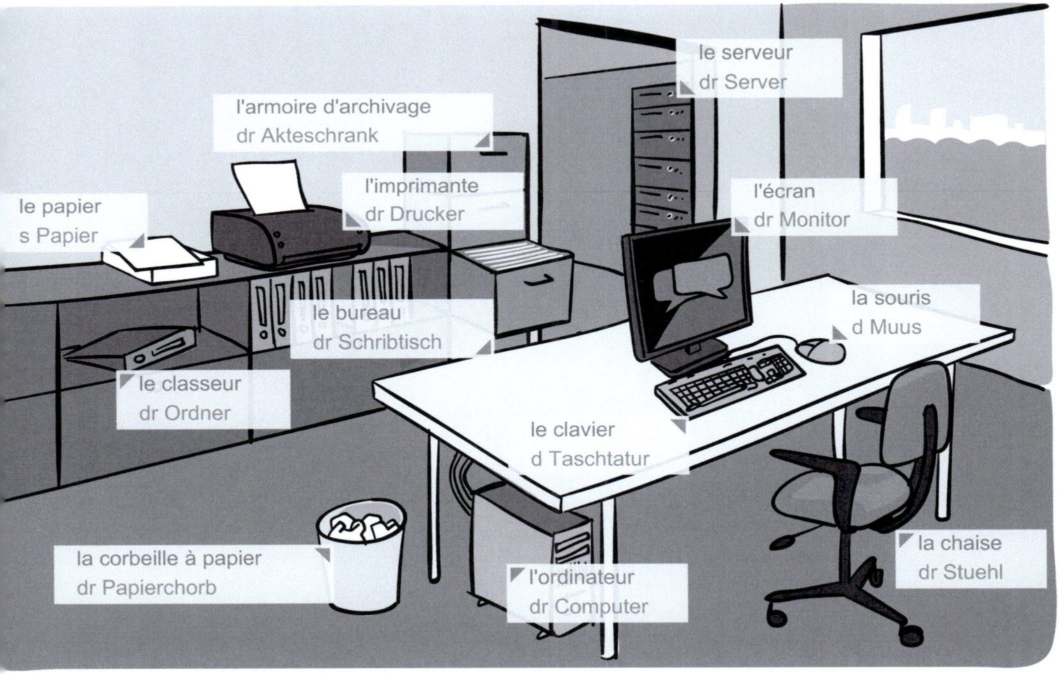

le serveur
dr Server

l'armoire d'archivage
dr Akteschrank

l'imprimante
dr Drucker

l'écran
dr Monitor

le papier
s Papier

le bureau
dr Schribtisch

la souris
d Muus

le classeur
dr Ordner

le clavier
d Taschtatur

la corbeille à papier
dr Papierchorb

l'ordinateur
dr Computer

la chaise
dr Stuehl

la tasse de café

dr Kafibächer

la calculatrice

dr Tascherächner

l'internet

s Internet

le bureau - s Büro   49

l'ordinateur portable

dr Laptop

la lettre

dr Brief

le message

d Nochricht

le portable

s Mobiltelefon

le réseau

s Netzwärk

la photocopieuse

dr Kopierer

le logiciel

d Software

le téléphone

s Telefon

la prise

d Steckdosä

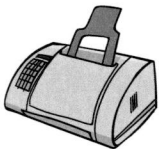

le fax

s Fax

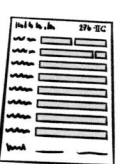

le formulaire

s Formular

le document

s Dokumänt

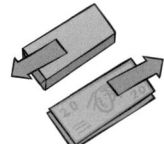

acheter

chaufe

payer

zahle

faire du commerce

handle

la monnaie

s Gäld

 **USD**

le dollar

dr Dollar

 **EUR**

l'euro

dr Euro

JPY

le yen

dr Yen

RUB

le rouble

dr Rubel

CHF

le franc suisse

dr Frankä

CNY

le renminbi yuan

dr Renminbi Yuan

INR

la roupie

d Rupie

le distributeur automatique

dr Gäldautomat

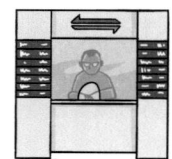

le bureau de change

d Wächselstube

l'or

s Gold

l'argent

s Silber

le pétrole

s Öl

l'énergie

d Energie

le prix

dr Preis

le contrat

dr Vertrag

la taxe

d Stüür

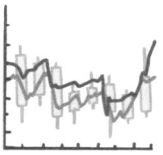

l'action

d Aktie

travailler

schaffe

l'employé

dr Mitarbeiter

l'employeur

dr Arbeitgeber

l'usine

d Fabrik

le magasin

s Gschäft

les professions
d Brüef

l'agent de police
dr Polizischt

le pompier
dr Füürwehrmaa

le cuisinier
dr Choch

le médecin
dr Arzt

le pilote
dr Pilot

le jardinier

dr Gärtner

le menuisier

dr Zimmermah

la couturière

d Näheri

le juge

dr Richter

le chimiste

dr Chemiker

l'acteur

dr Darsteller

le conducteur de bus

dr Busfahrer

le chauffeur de taxi

dr Taxifahrer

le pêcheur

dr Fischer

la femme de ménage

d Putzfrau

le couvreur

dr Dachdecker

le serveur

dr Chällner

le chasseur

dr Jäger

le peintre

dr Moler

le boulanger

dr Bäcker

l'électricien

dr Elektriker

l'ouvrier

dr Bauarbeiter

l'ingénieur

dr Ingenieur

le boucher

dr Schlachter

le plombier

dr Klämpner

le facteur

dr Pöschtler

le soldat

dr Soldat

l'architecte

dr Architekt

le caissier

dr Kassierer

le fleuriste

dr Florischt

le coiffeur

dr Frisör

le contrôleur

dr Kontrolleur

le mécanicien

dr Mechaniker

le capitaine

dr Kapitän

le dentiste

dr Zahnarzt

le scientifique

dr Wüsseschaftler

le rabbin

dr Rabbi

l'imam

dr Imam

le moine

dr Mönch

le prêtre

dr Pfarrer

les outils

d Werkzüüg

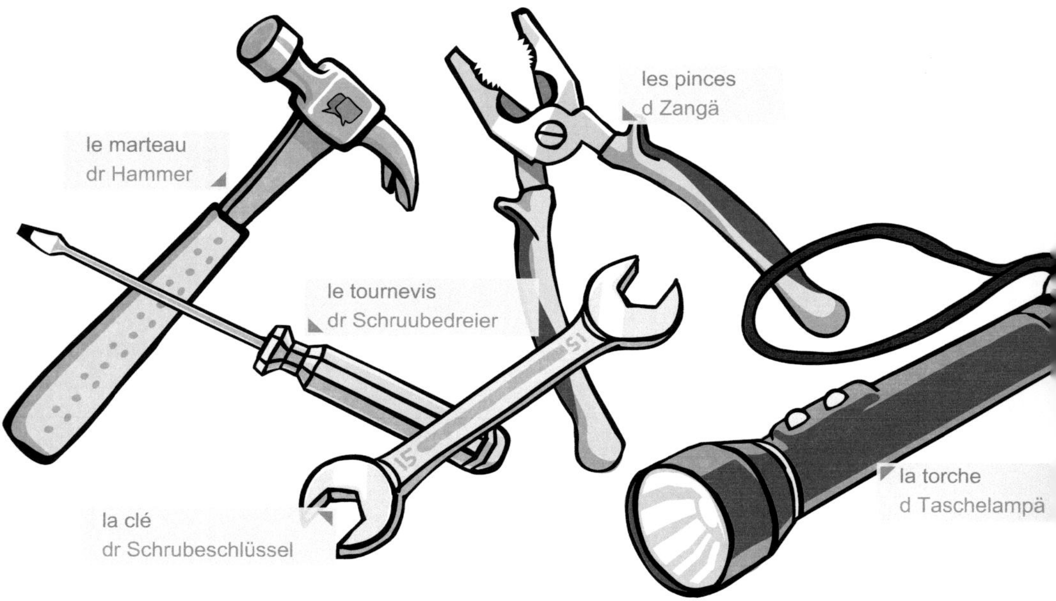

le marteau
dr Hammer

les pinces
d Zangä

le tournevis
dr Schruubedreier

la clé
dr Schrubeschlüssel

la torche
d Taschelampä

la pelleteuse
dr Bagger

la boîte à outils
dr Werkzüügchaschte

l'échelle
d Leitere

la scie
d Sagi

les clous
d Negel

la perceuse
dr Bohrer

réparer

flicke

la pelle

d Schufle

Mince !

Mischt!

la pelle

d Ascheschufle

le pot de peinture

dr Farbchübel

les vis

d Schruube

les instruments de musique
d Musiginstrumänt

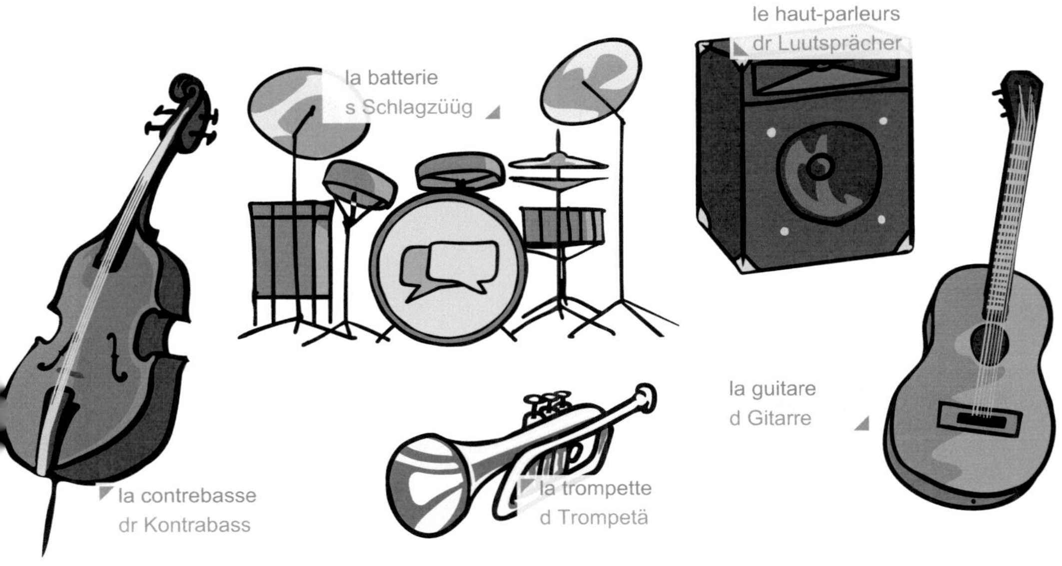

le haut-parleurs
dr Luutsprächer

la batterie
s Schlagzüüg

la guitare
d Gitarre

la contrebasse
dr Kontrabass

la trompette
d Trompetä

le piano

s Klavier

le violon

d Violine

la basse

dr Bass

les timbales

d Pauke

le tambour

d Trummle

le piano électrique

s Keyboard

le saxophone

s Saxophon

la flûte

d Flöte

le microphone

s Mikrofon

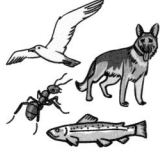

le zoo
dr Zolli

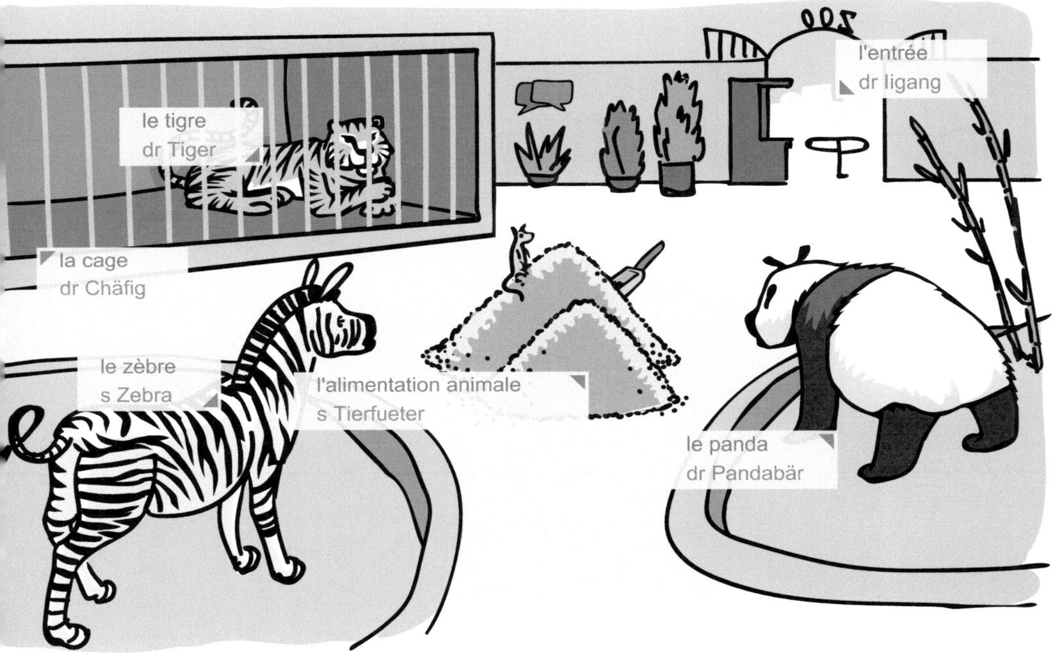

l'entrée
dr Iigang
le tigre
dr Tiger
la cage
dr Chäfig
le zèbre
s Zebra
l'alimentation animale
s Tierfueter
le panda
dr Pandabär

les animaux

d Tier

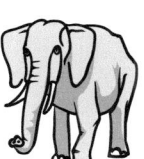

l'éléphant

dr Elefant

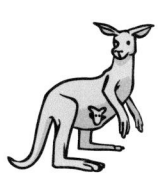

le kangourou

s Känguru

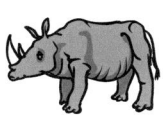

le rhinocéros

s Nashorn

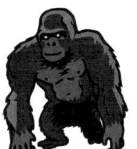

le gorille

dr Gorilla

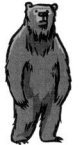

l'ours

dr Bär

le chameau

s Kamel

l'autruche

dr Struss

le lion

dr Leu

le singe

dr Aff

le flamand rose

dr Flamingo

le perroquet

dr Papagei

l'ours polaire

dr Iisbär

le pingouin

dr Pinguin

le requin

dr Hai

le paon

dr Pfau

le serpent

d Schlangä

le crocodile

s Krokodil

le gardien de zoo

dr Zoowärter

le phoque

d Robbä

le jaguar

dr Jaguar

le zoo - dr Zolli

le poney

s Pony

le léopard

dr Leopard

l'hippopotame

s Nilpfärd

la girafe

d Giraff

l'aigle

dr Adler

le sanglier

s Wildschwein

le poisson

dr Fisch

la tortue

d Schildkrot

le morse

s Walross

le renard

dr Fuchs

la gazelle

d Gazelle

les sports
dr Sport

l'american Football
s American Football

le cyclisme
s Velofahre

le tennis
s Tennis

le basket-ball
dr Basketball

la natation
s Schwümmä

la boxe
s Boxä

le hockey sur glace
s Iishockey

le football
dr Fuessball

le badminton
s Badminton

l'athlétisme
d Liechtathletik

le handball
dr Handball

le ski
s Skifahre

le polo
s Polo

les activités
d Aktivitäte

sauter
springä

chanter
singe

embrasser
umarme

rire
lachä

marcher
gah

prier
bätte

faire la bise
küssä

rêver
troime

écrire
schribe

dessiner
zeichne

montrer
zeige

pousser
schiebe

donner
gäh

prendre
näh

avoir	faire	être
händ	mache	sy

être debout	courir	trier
stah	laufe	zieh

jeter	tomber	être couché
rüerä	fallä	ligge

attendre	porter	être assis
warte	träge	sitze

s'habiller	dormir	se réveiller
ahzieh	schlafe	ufwache

regarder

ahluege

pleurer

brüele

caresser

striichle

peigner

bürste

parler

redä

comprendre

verschtah

demander

froog

écouter

lose

boire

trinke

manger

ässe

ranger

ufruume

aimer

liebe

cuire

chochä

conduire

fahre

voler

flüge

faire de la voile

segle

calculer

rächne

lire

läse

apprendre

leerä

travailler

schaffe

se marier

hürate

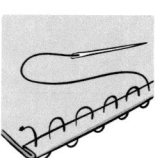

coudre

näije

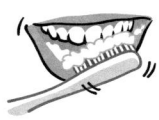

brosser les dents

Zäh putze

tuer

töte

fumer

schlootä

envoyer

sände

la famille
d Familiä

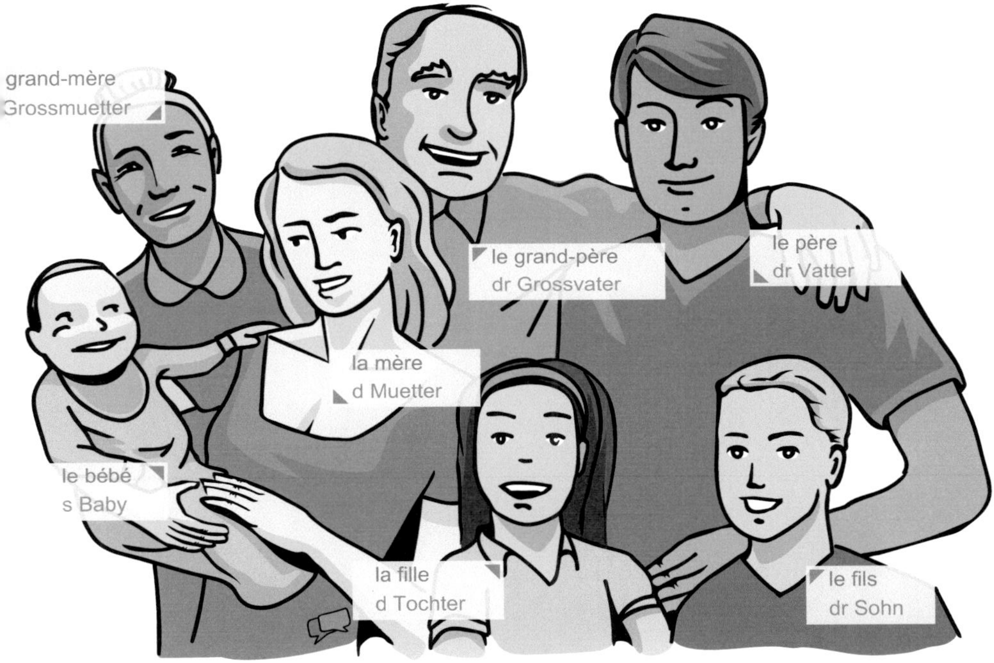
grand-mère
Grossmuetter
le grand-père
dr Grossvater
le père
dr Vatter
la mère
d Muetter
le bébé
s Baby
la fille
d Tochter
le fils
dr Sohn

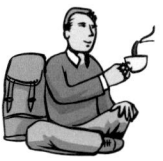

l'hôte

dr Gast

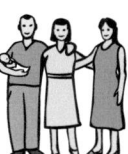

la tante

d Tante

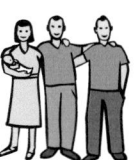

l'oncle

dr Unkel

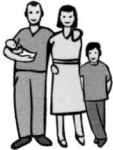

le frère

dr Brüeder

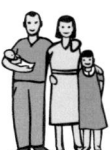

la sœur

d Schwöschter

le corps
dr Körpär

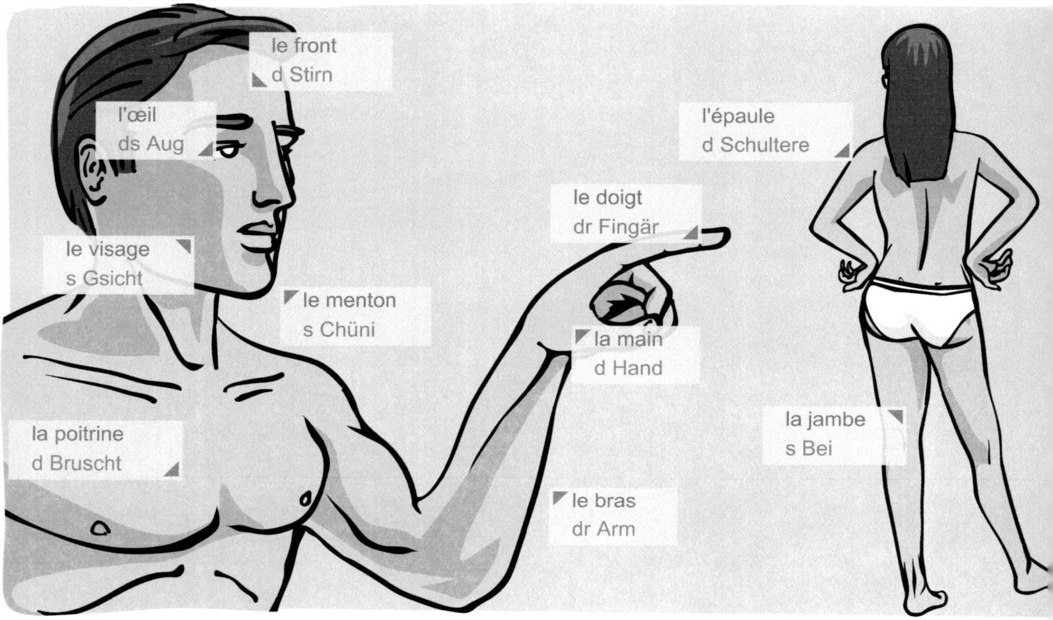

le front
d Stirn

l'œil
ds Aug

l'épaule
d Schultere

le doigt
dr Fingär

le visage
s Gsicht

le menton
s Chüni

la main
d Hand

la poitrine
d Bruscht

la jambe
s Bei

le bras
dr Arm

le bébé

s Baby

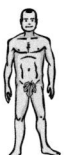

l'homme

dr Mah

la femme

d Frau

la fille

s Meitli

le garçon

dr Bueb

la tête

dr Chopf

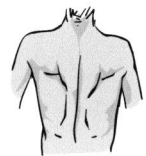

le dos

dr Ruggä

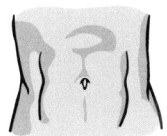

le ventre

dr Buuch

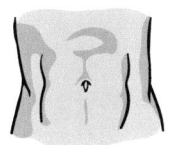

le nombril

dr Buchnabel

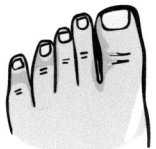

l'orteil

dr Zäche

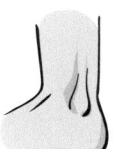

le talon

d Fersä

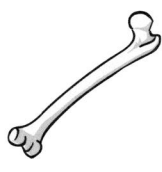

l'os

d Knoche

la hanche

d Hüfte

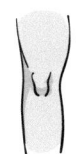

le genou

s Chnü

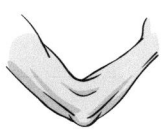

le coude

dr Ellbogä

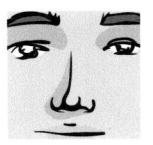

le nez

d Nase

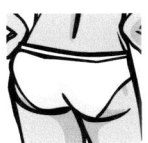

les fesses

s Füdli

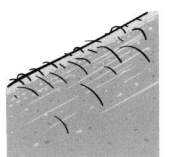

la peau

d Hut

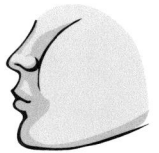

la joue

d Bagge

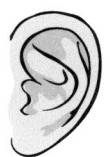

l'oreille

s Ohr

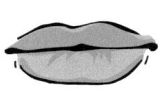

la lèvre

d Lippe

la bouche
s Muul

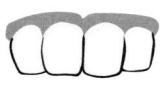

la dent
dr Zah

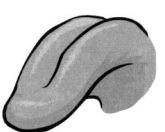

la langue
d Zungä

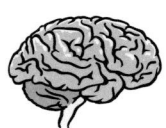

le cerveau
s Hirni

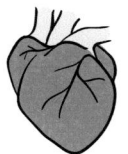

le cœur
s Härz

le muscle
dr Muskel

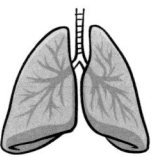

les poumons
d Lungä

le foie
d Läberä

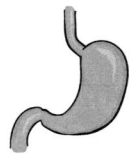

l'estomac
dr Magen

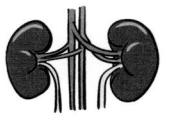

les reins
d Nierä

le rapport sexuel
dr Gschlächtsvrkehr

le préservatif
s Kondom

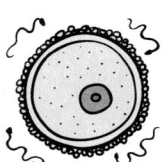

l'ovule
d Eizälle

le sperme
dr Soome

la grossesse
d Schwangerschaft

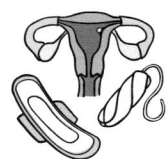

la menstruation

d Menstruation

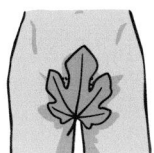

le vagin

d Vagina

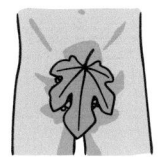

le pénis

dr Penis

le sourcil

d Augebrauä

les cheveux

s Haar

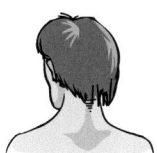

le cou

dr Hals

l'hôpital
s Spital

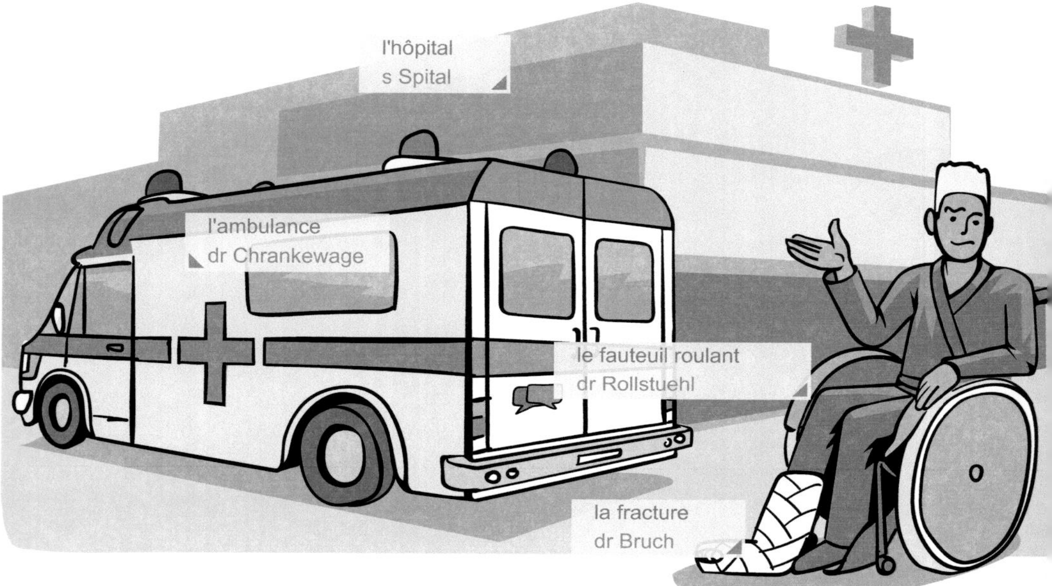

l'hôpital
s Spital
l'ambulance
dr Chrankewage
le fauteuil roulant
dr Rollstuehl
la fracture
dr Bruch

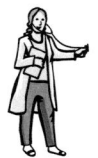

le médecin

dr Arzt

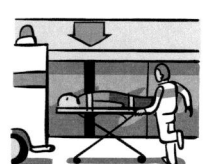

le service des urgences

d Notufnahm

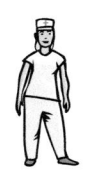

l'infirmière

d Chrankeschwöschter

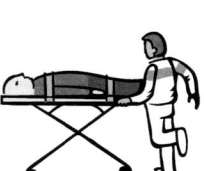

l'urgence

dr Notfall

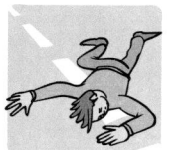

inconscient

ohnmächtig

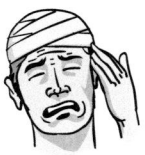

la douleur

dr Schmärz

la blessure

d Verletzig

l'hémorragie

d Bluätig

la crise cardiaque

dr Härzinfarkt

l'attaque cérébrale

dr Schlagahfall

l'allergie

d Allergie

la toux

dr Hueschtä

la fièvre

s Fieber

la grippe

d Grippe

la diarrhée

dr Durchfall

le mal de tête

d Kopfschmärze

le cancer

dr Kräbs

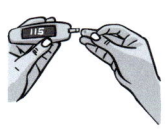

le diabète

dr Diabetes

le chirurgien

dr Chirurg

le scalpel

s Skalpell

l'opération

d Operation

l'hôpital - s Spital

73

le CT

s CT

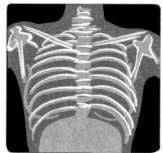

la radiographie

s Röntgä

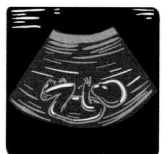

l'échographie

s Ultraschall

le masque

d Gsichtsmaske

la maladie

d Krankhet

la salle d'attente

s Wartezimmer

la béquille

d Krückä

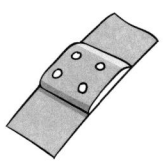

le pansement

s Pflaster

le pansement

dr Vrband

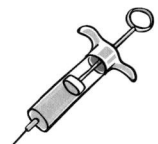

l'injection

d Injektion

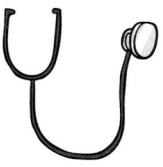

le stéthoscope

s Stethoskop

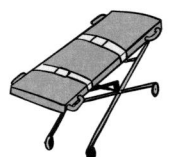

le brancard

d Trage

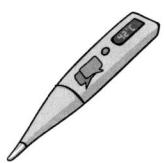

le thermomètre

s Thermometer

l'accouchement

d Geburt

la surcharge pondérale

s Übergwicht

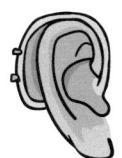

l'appareil auditif

s Hörgrät

le désinfectant

s Desinfektionsmittel

l'infection

d Infektion

le virus

s Virus

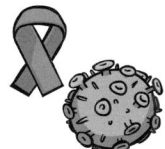

le VIH / le sida

s HIV / AIDS

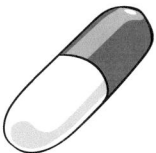

le médicament

d Medizin

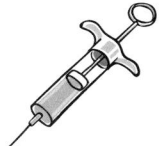

la vaccination

d Impfig

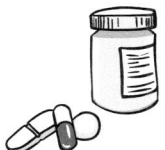

les comprimés

d Tablette

la pilule

d Pille

l'appel d'urgence

dr Notruef

le tensiomètre

s Bluetdruck-Mässgrät

malade / sain

chrank / gsund

Au secours !

Hiufe!

l'alarme

dr Alarm

l'assaut

dr Überfall

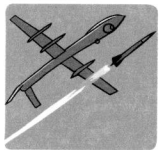

l'attaque

dr Ahgriff

le danger

d Gfohr

la sortie de secours

dr Notuusgang

Au feu!

Füür!

l'extincteur

dr Füürlöscher

l'accident

dr Unfall

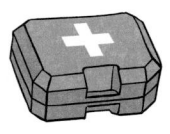

la trousse de premier
secours

dr Ersti-Hilf-Koffer

SOS

SOS

la police

d Polizei

l'Europe

s Europa

l'Amérique du Nord

s Nordamerika

l'Amérique du Sud

s Südamerika

l'Afrique

s Afrika

l'Asie

s Asie

l'Australie

s Auschtralie

l'Océan atlantique

dr Atlantik

l'Océan pacifique

dr Pazifik

l'Océan indien

dr Indische Ozean

l'Océan antarctique

dr Antarktische Ozean

l'Océan arctique

dr Arktische Ozean

le Pôle nord

dr Nordpol

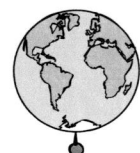

le Pôle sud

dr Südpol

l'Antarctique

d Antarktis

la terre

d Ärde

le pays

s Land

la mer

s Meer

l'île

d Inslä

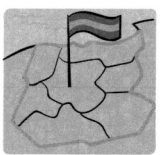

la nation

d Nation

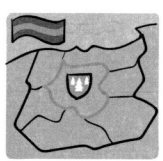

l'état

dr Staat

le cadran

s Ziffereblatt

l'aiguille des heures

dr Stundezeiger

l'aiguille des minutes

dr Minutezeiger

l'aiguille des secondes

dr Sekundezeiger

Quelle heure est-il ?

Wie spaht isch es?

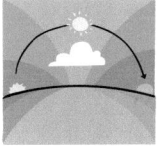

le jour

dr Tag

le temps

d Zit

maintenant

jetzt

la montre digitale

d Digitaluhr

la minute

d Minute

l'heure

d Stunde

la semaine
d Wuche

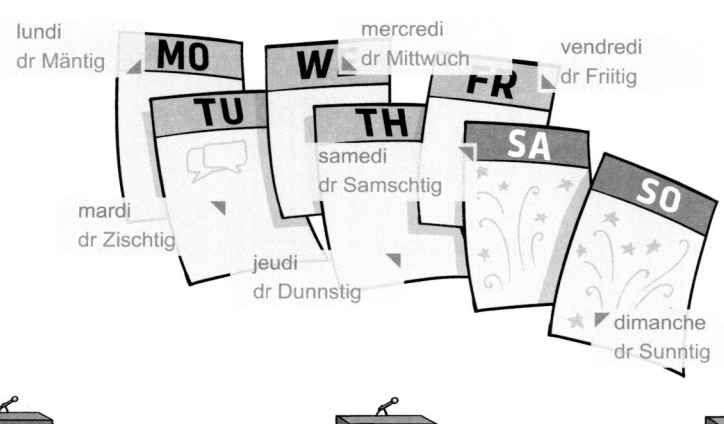

lundi
dr Mäntig

mercredi
dr Mittwuch

vendredi
dr Friitig

mardi
dr Zischtig

jeudi
dr Dunnstig

samedi
dr Samschtig

dimanche
dr Sunntig

hier

geschter

aujourd'hui

hüt

demain

morn

le matin

dr Morgä

le midi

dr Mittag

le soir

dr Aabig

MO	TU	WE	TH	FR	SA	SU
1	2	3	4	5	6	7
8	9	10	11	12	13	14
15	16	17	18	19	20	21
22	23	24	25	26	27	28
29	30	31	1	2	3	4

les jours ouvrables

d Wärktag

MO	TU	WE	TH	FR	SA	SU
1	2	3	4	5	6	7
8	9	10	11	12	13	14
15	16	17	18	19	20	21
22	23	24	25	26	27	28
29	30	31	1	2	3	4

le week-end

s Wuchenänd

la pluie
dr Räge

l'arc-en-ciel
dr Rägeboge

le vent
dr Wind

la neige
dr Schnee

le printemps
dr Früelig

l'automne
dr Herbscht

l'été
dr Summer

l'hiver
dr Winter

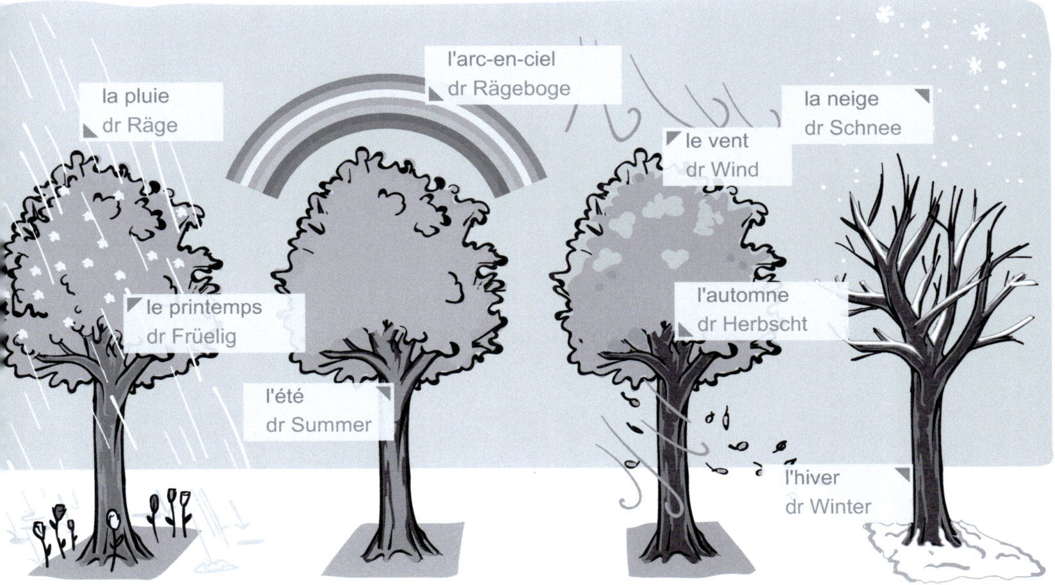

la météo

d Wättervorhärsag

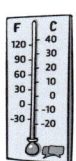

le thermomètre

s Thermometer

la lumière du soleil

dr Sunneschiin

le nuage

d Wolkä

le brouillard

d Näbel

l'humidité

d Fiechtigkeit

la foudre

dr Blitz

la tonnerre

dr Dunner

la tempête

dr Sturm

la grêle

d Hagel

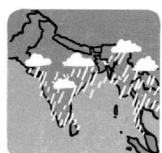

la mousson

dr Monsun

l'inondation

d Fluet

la glace

s Iis

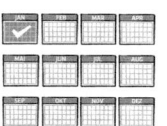

janvier

dr Januar

février

dr Februar

mars

dr März

avril

dr April

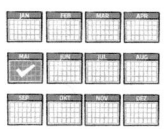

mai

dr Mai

juin

dr Juni

juillet

dr Juli

août

dr Auguscht

septembre

dr Septämber

octobre

dr Oktober

novembre

dr Novämber

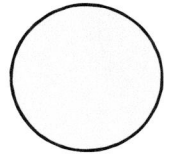

décembre

dr Dezämber

les formes
d Forme

le cercle

dr Kreis

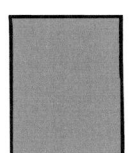

le carré

s Quadrat

le rectangle

s Rächteck

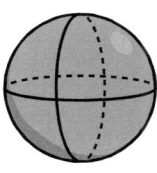

le triangle

s Dreieck

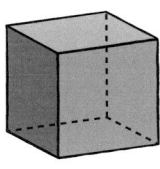

la sphère

d Chugele

le cube

dr Würfel

les couleurs

d Farbä

blanc

wiss

jaune

gäl

orange

orange

rose

pink

rouge

rot

violet

liila

bleu

blau

vert

grüen

marron

bruun

gris

grau

noir

schwarz

beaucoup / peu

viel / wenig

fâché / calme

hässig / ruhig

joli / laid

hübsch / hässlich

le début / la fin

dr Ahfang / s Ändi

grand / petit

gross / chli

clair / obscure

hell / dunkel

frère / soeur

dr Brüeder / d Schwöschter

propre / sale

suuber / dräckig

complet / incomplet

vollständig / unvollständig

le jour / la nuit

dr Tag / d Nacht

mort / vivant

tot / läbig

large / étroit

breit / schmal

comestible / incomestible

ässbar / nid ässbar

méchant / gentil

bös / fründlich

excité / ennuyé

uffreggt / glangwilt

gros / mince

dick / dünn

le premier / le dernier

zerscht / zletscht

l'ami / l'ennemi

dr Fründ / dr Find

plein / vide

voll / läär

dur / souple

hart / weich

lourd / léger

schwer / liecht

faim / soif

dr Hunger / dr Durscht

malade / sain

chrank / gsund

illégal / légal

illegal / legal

intelligent / stupide

intelligänt / gatz

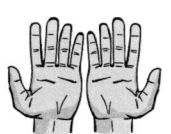

gauche / droite

links / rächts

proche / loin

nöch / wiit weg

nouveau / usé

neu / bruucht

rien / quelque chose

nüt / öpis

vieux / jeune

alt / jung

marche / arrêt

ah / uss

ouvert / fermé

offe / zue

faible / fort

lislig / luut

riche / pauvre

riich / arm

correct / incorrect

richtig / falsch

rugueux / lisse

rau / glatt

triste / heureux

truurig / glücklich

court / long

churz / lang

lent / rapide

langsam / schnäll

mouillé / sec

nass / trochä

chaud / froid

warm / chalt

la guerre / la paix

dr Chrieg / dr Friede

les nombres
d Zahlä

0

zéro
Null

1

un / une
eis

2

deux
zwei

3

trois
drü

4

quatre
vier

5

cinq
foif

6

six
sächs

7

sept
sibe

8

huit
acht

9

neuf
nün

10

dix
zäh

11

onze
elf

12

douze

zwölf

13

treize

drizäh

14

quatorze

vierzäh

15

quinze

füfzäh

16

seize

sächzäh

17

dix-sept

siebzäh

18

dix-huit

achtzäh

19

dix-neuf

nünzäh

20

vingt

zwänzg

100

cent

Hundert

1.000

mille

Tuusig

1.000.000

le million

Million

les langues
d Sprache

l'anglais

Änglisch

l'anglais américain

Amerikanischs Änglisch

le chinois mandarin

Chinesisch Mandarin

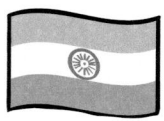

le hindi

Hindi

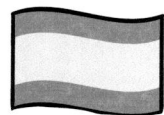

l'espagnol

Spanisch

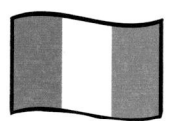

le français

Französisch

l'arabe

Arabisch

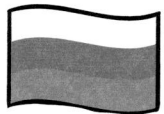

le russe

Russisch

le portugais

Portugiesisch

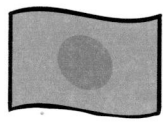

le bengali

Bengalisch

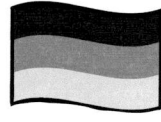

l'allemand

Dütsch

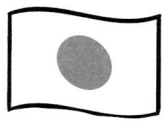

le japonais

Japanisch

je

ich

tu

du

♂ ♀ ○

il / elle / ce, c', cela

är / sie / es

nous

mir

vous

ihr

ils / elles

sie

Qui ?

wär?

Quoi ?

was?

Comment ?

wie?

Où ?

wo?

Quand ?

wänn?

le nom

Name

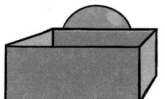

derrière

hinder

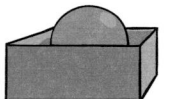

dans

in

devant

vor

au-dessus

über

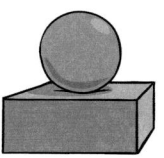

sur

uf

en-dessous

under

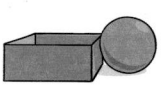

à côté de

näbe

entre

zwüsche

le lieu

dr Ort